Schwere Wortsuchrätsel

Rätsel für „Versetzt- und Querdenker"

1. Auflage

Copyright © 2019 by No Body, Völklingen

Covergestaltung by No Body
Herstellung und Verlag:
BoD- Books on Demand, Norderstedt

ISBN: 978-3-7412-4206-9

Wie funktioniert dieses Buch?

Das Buch beinhaltet verschiedene Wortsuchrätsel, bei denen die gesuchten Wörter mit „versetzten" Buchstaben oder Zahlen dargestellt und gefunden werden müssen.

Beispiel:

Aufgabe: Finden Sie die acht deutschen Städte

Hinweis: Alle Buchstaben sind um zwei Positionen nach hinten verschoben (Y= A, Z = B)

BERLIN = DGTNKP

KÖLN = MQGNP (Ö = OE)

Aufgabe: Finden Sie die acht Farben

Hinweis: Alle Buchstaben sind durch deren Position im Alphabet ersetzt und um zwei Positionen nach hinten verschoben (A= 25 B =26 ß = 27)

GRÜN = ITWGP (Ö = OE)

In weiteren Varianten sind die Buchstaben durch die Zahlen von 1–27 (ß = 27) ersetzt bzw. sind die Zahlen auch wieder um zwei Positionen versetzt.

Beispiel:

Ford =   6 15 18 4 (Position der Buchstaben im Alphabet)

Oder

Ford =   4 13 16 2 (Position der Buchstaben um 2 Positionen nach hinten versetzt)

Die Lösungen der Rätsel befinden sich jeweils auf der nächsten Seite.

Und nun viel (Rätsel-) Spaß

Rätsel 1   Finden Sie die acht deutschen Städte

Hinweis: Die Buchstaben sind um zwei Positionen nach hinten versetzt (A = Y; C = A u. s. w.. …)

A	H	V	E	H	J	R	R	D	B	D	H	N	W
D	J	Z	X	H	T	G	F	D	E	J	N	M	S
W	I	Q	S	D	E	E	F	H	C	W	M	V	V
D	G	F	H	J	Z	M	L	L	F	H	B	D	G
R	C	R	T	Z	H	G	D	Z	T	E	V	P	T
E	J	R	T	B	P	C	Q	B	C	L	F	Y	Z
D	H	I	U	R	G	B	E	R	F	I	D	L	H
D	D	T	E	D	G	T	T	G	D	M	N	I	U
J	I	Z	E	F	H	Z	R	H	V	C	H	D	J
F	U	B	W	S	A	S	F	S	Z	J	U	S	I
V	H	M	U	F	V	G	G	W	H	L	Z	P	K
H	F	P	E	B	J	Z	K	S	N	F	H	R	L
Z	R	R	U	O	J	U	J	F	J	P	F	G	O
Z	Z	K	O	R	T	F	G	J	I	K	D	G	M
G	Q	S	Z	C	P	J	G	L	H	N	R	O	H
T	R	L	U	K	I	N	D	N	D	Z	F	K	G
F	F	B	D	J	I	U	T	O	W	Q	V	I	A
V	O	I	P	O	P	J	H	J	A	D	C	J	C
N	K	R	T	T	Z	F	Y	K	Z	S	P	E	G
J	O	P	K	L	L	O	T	E	A	C	C	W	R
O	E	G	T	F	D	D	D	W	J	S	C	Z	F
L	Q	W	T	R	E	D	G	W	N	A	E	H	V

A	H	V	E	H	J	R	R	D	B	D	H	N	W
D	J	Z	X	H	T	G	F	D	E	J	N	M	S
W	K	Q	S	D	E	E	F	H	C	W	M	V	V
D	I	F	H	J	B	O	N	N	F	H	B	F	G
R	E	R	T	Z	H	G	D	Z	T	E	V	R	T
E	L	R	T	D	R	E	S	D	E	N	F	A	Z
D	H	I	U	R	G	B	E	R	F	K	D	N	H
D	D	T	E	D	G	T	T	G	D	O	N	K	U
J	I	Z	E	F	H	Z	R	H	V	E	H	F	J
F	U	D	W	S	A	S	F	S	Z	L	U	U	I
V	H	O	U	F	V	G	G	W	H	N	Z	R	K
H	F	R	E	B	J	Z	K	S	N	F	H	T	L
Z	T	T	U	O	J	J	J	F	J	P	F	G	O
Z	Z	M	O	R	T	F	G	J	I	K	D	G	M
G	Q	U	B	E	R	L	I	N	H	N	R	O	H
T	R	N	U	K	I	N	D	N	Z	F	K	G	
F	F	D	D	J	I	U	T	O	W	Q	V	I	A
V	O	I	P	O	P	J	H	J	A	D	C	J	C
N	K	R	T	T	Z	H	A	M	B	U	R	G	G
J	O	P	K	L	L	O	T	E	A	C	C	W	R
O	E	G	T	F	D	D	D	W	J	S	C	Z	F
L	Q	W	T	R	E	D	G	W	N	A	E	H	V

Rätsel 2   Finden Sie die acht Farben

Hinweis: Die Buchstaben sind um zwei Positionen nach hinten versetzt (A = Y; C = A u. s. w.. …)

E	C	J	Z	Z	U	H	G	W	S	D	D	X	G	F	S
D	H	Z	G	E	V	N	J	I	G	W	V	F	S	Q	A
F	T	Q	Q	D	C	J	V	A	X	R	P	L	V	A	D
Q	I	U	P	C	T	U	Z	U	P	F	R	Z	E	F	V
W	O	Z	O	C	Q	I	R	A	M	I	W	A	U	U	G
E	K	C	K	U	E	Z	T	X	R	M	W	R	Z	Y	T
R	J	G	J	H	D	G	F	S	P	W	S	F	Z	P	N
T	U	E	U	D	E	P	S	C	L	S	I	E	G	X	J
Z	H	C	Z	Q	S	F	Q	U	W	C	O	P	N	R	U
U	Z	Q	T	X	O	C	S	S	V	H	K	Y	O	B	I
I	H	C	G	F	P	D	S	W	Z	Q	Q	S	J	V	J
O	Z	F	F	J	G	J	Y	W	H	C	S	D	H	V	N
P	G	R	R	P	N	E	F	J	G	N	X	D	Q	C	H
A	T	D	E	L	K	L	I	B	Z	J	Y	S	A	X	K
S	G	S	F	J	I	K	H	Q	T	R	T	W	S	A	L
D	R	V	M	R	Q	N	J	W	F	E	R	U	D	P	S

G	E	L	B	Z	U	H	G	W	S	D	D	X	G	F	S
D	H	Z	G	E	V	N	J	I	G	W	V	F	S	S	A
F	T	Q	Q	D	C	J	V	A	X	R	P	L	V	C	D
Q	I	U	P	C	T	U	Z	U	R	F	R	Z	E	H	V
W	O	B	O	C	Q	I	R	A	O	I	W	A	U	W	G
E	K	E	K	U	E	Z	T	X	T	M	W	R	Z	A	T
R	J	I	J	H	D	G	F	S	P	W	S	F	Z	R	N
T	U	G	U	D	G	R	U	E	N	S	I	G	G	Z	J
Z	H	E	Z	Q	S	F	Q	U	W	C	O	R	N	R	U
U	Z	Q	T	X	O	C	S	S	V	H	K	A	O	B	I
I	H	C	G	F	P	D	S	W	Z	Q	Q	U	J	V	J
O	Z	F	F	L	I	L	A	W	H	C	S	D	H	V	N
P	G	R	R	P	N	E	F	J	G	N	X	D	Q	C	H
A	T	D	E	L	K	L	I	B	B	L	A	U	A	X	K
S	G	S	F	J	I	K	H	Q	T	R	T	W	S	A	L
D	R	V	M	R	Q	N	J	W	F	E	R	U	D	P	S

Rätsel 3   Finden Sie die acht Getränke

Hinweis: Die Buchstaben sind um zwei Positionen nach hinten versetzt (A = Y; C = A u. s. w.. …)

F	V	G	B	H	N	J	M	U	J	H	Z	G	T
F	Z	J	M	O	H	F	F	H	N	S	W	F	V
Z	C	Y	J	C	Q	K	P	Y	P	Q	Y	I	K
H	C	Z	U	C	S	W	M	J	I	J	U	U	M
N	F	T	H	C	E	D	S	E	P	M	E	T	Z
U	T	R	Z	U	W	E	X	R	E	W	Q	D	F
J	H	F	G	P	S	K	M	H	O	K	I	J	U
M	Z	G	F	L	H	I	U	H	W	Q	A	S	R
I	U	F	F	O	Z	J	H	O	R	C	C	Z	Z
K	J	D	Q	K	G	G	T	K	E	W	S	F	R
O	N	O	I	J	T	T	G	T	T	G	H	U	U
L	I	M	P	L	F	B	J	W	E	T	Z	H	U
Q	O	F	P	B	V	I	P	Y	I	G	U	U	T
Q	L	V	P	G	K	J	U	Q	F	R	R	Z	G

F	V	G	B	H	N	J	M	U	J	H	Z	G	T
F	Z	J	M	O	H	F	F	H	N	S	W	F	V
Z	C	A	L	E	Q	K	P	A	R	S	A	I	K
H	C	Z	U	C	S	W	O	J	I	J	U	U	M
N	F	T	H	C	E	D	U	G	R	O	G	T	Z
U	T	R	Z	U	W	E	Z	R	E	W	Q	D	F
J	H	F	G	R	U	M	O	H	O	K	I	J	U
M	Z	G	F	L	H	I	U	H	W	Q	A	S	R
I	U	F	F	O	Z	J	H	O	T	E	E	Z	Z
K	J	D	Q	K	G	G	T	K	E	W	S	F	R
O	N	O	I	J	T	T	G	T	T	G	H	U	U
L	K	O	R	N	F	B	J	W	E	T	Z	H	U
Q	O	F	P	B	V	I	R	A	K	I	U	U	T
Q	L	V	P	G	K	J	U	Q	F	R	R	Z	G

Rätsel 4   Finden Sie die acht Berufe

Hinweis: Die Buchstaben sind um zwei Positionen nach hinten versetzt (A = Y; C = A u. s. w.. …)

S	V	G	T	F	D	E	C	P	C	D	F	R	G	V	C	D	R	A	S
F	S	C	P	C	D	F	Y	R	F	C	D	E	U	H	Z	B	N	K	M
V	S	K	O	M	V	R	C	Z	H	G	F	T	B	N	K	I	J	L	O
Z	J	J	A	R	Z	T	T	T	T	P	F	L	E	G	E	R	B	G	J
H	N	G	H	R	C	B	U	N	H	T	G	Z	H	J	I	J	K	N	N
B	Z	M	G	T	V	E	D	K	I	J	N	H	Z	B	H	F	Z	G	H
G	H	A	V	I	E	D	F	T	G	B	U	H	C	V	D	S	C	N	Z
T	G	L	G	U	J	K	O	C	H	I	N	E	D	F	T	G	F	R	B
Z	T	E	K	N	R	C	W	X	I	U	T	G	B	H	J	N	J	K	G
N	F	R	M	D	R	F	Z	G	B	V	C	X	C	V	U	I	O	J	H
M	T	G	H	J	U	H	B	M	J	B	U	S	F	A	H	R	E	R	D
K	G	B	D	E	S	C	F	A	M	V	E	D	C	V	G	H	J	U	R
I	H	N	I	J	H	U	J	U	I	Q	X	R	V	I	P	V	F	R	F
J	O	B	J	U	H	B	G	R	H	I	N	E	D	R	T	V	C	F	E
H	L	F	I	B	G	C	E	E	Z	T	F	R	D	E	S	R	F	T	V
G	P	Q	F	R	D	T	T	R	H	J	K	K	I	L	E	H	R	E	R
B	A	E	C	K	E	R	T	T	Q	X	E	S	B	R	Y	E	D	S	G
C	V	Z	V	F	R	G	T	E	W	X	S	D	E	W	S	D	R	M	T
P	V	H	H	J	R	D	O	N	Q	X	S	F	T	G	F	R	E	W	E
C	M	B	B	J	F	E	D	T	J	I	V	T	F	R	X	L	O	J	C

Rätsel 5   Finden Sie die acht Flüsse

Hinweis: Die Buchstaben sind um zwei Positionen nach hinten versetzt (A = Y; C = A u. s. w.. ...)

E	F	T	G	J	J	I	T	C	I	K	C	G	T	F	K
R	N	Z	B	M	L	C	B	Z	G	V	J	M	K	H	E
G	A	J	U	H	C	R	G	Q	M	L	O	J	G	D	D
Z	F	V	H	C	Q	Y	D	C	U	F	S	C	A	T	V
H	V	U	H	B	W	N	U	B	V	I	K	J	R	Y	Q
C	T	C	E	S	B	M	L	Y	S	V	C	Z	R	D	S
J	F	O	L	P	A	X	R	D	X	S	V	C	T	R	E
U	C	Z	P	M	V	Z	B	G	R	C	D	X	C	D	X
J	U	B	M	J	U	I	K	F	Q	Y	S	A	R	Z	U
O	U	N	B	G	T	E	J	V	T	B	U	J	K	U	A
M	E	D	X	R	T	F	M	U	I	M	B	C	P	J	R
J	T	Z	B	G	R	F	G	R	C	E	D	F	T	Z	E
O	R	T	F	D	E	F	P	E	R	D	R	T	Z	G	C
L	R	G	F	T	P	E	C	G	L	Z	B	D	E	S	F
K	T	V	F	E	D	C	I	N	K	I	O	R	F	T	T
N	Z	B	G	E	C	I	M	G	V	F	C	T	B	G	C

E	F	T	G	J	J	I	T	C	I	K	C	G	T	F	K
R	N	Z	D	O	N	C	B	Z	G	V	J	M	K	H	E
G	A	J	U	H	C	R	G	Q	M	L	O	J	G	D	D
Z	F	V	H	C	Q	Y	D	C	U	F	S	E	A	T	V
H	V	U	H	B	W	P	U	B	V	I	K	L	R	Y	Q
C	T	C	E	S	D	O	N	A	U	V	C	B	R	D	S
J	F	O	L	P	A	X	R	D	X	S	V	E	T	R	E
U	E	B	R	O	V	Z	B	G	R	C	D	X	C	D	X
J	U	B	M	J	U	I	K	F	Q	Y	S	A	R	Z	U
O	U	N	B	G	T	E	L	V	T	B	U	J	K	U	A
M	E	D	X	R	T	F	O	U	I	O	D	E	R	J	R
J	T	Z	B	G	R	F	I	R	C	E	D	F	T	Z	E
O	R	T	F	D	E	F	R	E	R	D	R	T	Z	G	C
L	R	G	F	T	R	H	E	I	N	Z	B	D	E	S	F
K	T	V	F	E	D	C	I	N	K	I	O	R	F	T	T
N	Z	B	G	E	C	I	M	G	V	F	C	T	B	G	C

Rätsel 6   Finden Sie die acht Automarken

Hinweis: Die Buchstaben sind um zwei Positionen nach hinten versetzt (A = Y; C = A u. s. w.. ...)

Q	A	Y	S	W	X	E	D	C	R	F	T	G	Z	H	U
T	R	M	W	M	R	Y	H	B	G	V	F	D	V	F	I
I	N	H	C	C	G	Q	Q	O	V	G	H	B	Z	I	E
D	D	C	C	D	E	X	S	D	G	T	O	K	M	G	X
D	B	H	G	G	V	D	C	R	P	P	T	V	B	Y	X
C	T	R	F	T	Z	K	U	G	V	F	T	R	F	G	Z
P	P	Y	C	R	T	T	F	K	L	O	J	N	I	N	J
P	Z	Z	T	M	J	I	Q	U	Y	E	C	L	V	F	C
Y	K	K	C	D	Q	A	Y	W	S	X	E	D	D	C	V
P	U	B	E	D	C	T	G	F	Z	H	G	T	G	F	S
G	V	I	K	J	O	L	K	M	J	Z	B	H	G	G	Q
G	F	V	C	D	F	C	D	L	G	Q	Q	Y	L	G	H
T	G	Z	M	N	C	J	B	H	Z	N	H	U	J	N	H
P	L	M	K	I	J	N	H	Z	U	J	I	K	N	H	F
V	D	R	C	F	T	G	Z	G	B	G	T	G	B	G	V
Q	A	E	S	W	D	R	F	V	G	T	V	G	T	G	Z

Q	A	Y	S	W	X	E	D	C	R	F	T	G	Z	H	U
T	T	O	Y	O	T	A	H	B	G	V	F	D	V	F	I
I	N	H	C	C	G	Q	Q	O	V	G	H	B	Z	K	E
D	D	C	C	D	E	X	S	D	G	T	O	K	M	I	X
F	B	H	G	G	V	D	C	R	P	P	T	V	B	A	X
E	T	R	F	T	B	M	W	G	V	F	T	R	F	G	Z
R	P	Y	C	R	T	T	F	K	L	O	J	N	I	N	L
R	Z	Z	V	O	L	K	S	W	A	G	E	N	V	F	E
A	K	K	C	D	Q	A	Y	W	S	X	E	D	D	C	X
R	U	B	E	D	C	T	G	F	Z	H	G	T	G	F	U
I	V	I	K	J	O	L	K	M	J	Z	B	H	G	G	S
G	F	V	C	D	F	C	D	N	I	S	S	A	N	G	H
T	G	Z	O	P	E	L	B	H	Z	N	H	U	J	N	H
P	L	M	K	I	J	N	H	Z	U	J	I	K	N	H	F
V	D	R	C	F	T	G	Z	G	B	G	T	G	B	G	V
Q	A	E	S	W	D	R	F	V	G	T	V	G	T	G	Z

Rätsel 7   Finden Sie die acht europäischen Hauptstädte

Hinweis: Die Buchstaben sind um zwei Positionen nach hinten versetzt (A = Y; C = A u. s. w.. …) und alle Worte sind rückwärts geschrieben

Q	Q	I	K	V	F	S	E	M	M	G	R	D	F	R	D
Q	Y	L	C	F	R	Y	X	L	P	C	Z	I	J	H	U
K	K	L	Z	B	T	D	E	R	F	H	K	U	V	Z	C
U	H	Z	J	C	Q	Q	S	C	P	Z	U	U	H	G	B
K	I	J	U	V	R	S	E	E	R	N	Z	T	D	S	S
M	N	H	B	G	H	B	Y	P	E	J	C	Z	H	G	H
H	Y	T	Y	J	Q	G	R	Y	P	Z	N	I	V	G	F
P	P	M	J	Z	U	T	F	C	Z	V	G	Z	C	G	F
O	O	M	T	Q	X	D	F	R	G	B	G	G	H	T	Y
P	O	L	G	J	P	C	Z	I	P	O	I	I	K	B	R
N	V	G	F	D	R	Q	C	N	Y	B	S	Z	N	M	N
T	E	V	H	P	L	M	U	U	H	N	E	X	D	F	D
U	R	V	G	P	K	I	J	U	H	Z	G	F	H	J	L
H	Ü	L	I	M	Z	G	R	F	D	E	G	J	U	C	X
X	T	H	Z	U	K	Y	B	P	C	R	Q	K	Y	O	K
K	K	K	J	H	U	T	G	F	R	S	W	D	F	U	M

Q	Q	I	K	V	F	S	E	M	M	G	R	D	F	R	D
Q	Y	N	E	H	T	A	X	N	R	E	B	I	J	H	U
K	K	L	Z	B	T	D	E	R	F	H	K	U	V	Z	C
U	H	Z	L	E	S	S	E	U	R	B	U	U	H	G	B
K	I	J	U	V	R	S	E	E	R	N	Z	T	D	S	S
M	N	H	B	G	H	D	A	R	G	L	E	B	H	G	H
H	A	V	A	L	S	I	T	A	R	B	N	I	V	G	F
P	P	M	J	Z	U	T	F	C	Z	V	G	Z	C	G	F
O	O	M	T	Q	X	D	F	R	G	B	G	G	H	T	Y
P	O	N	I	L	R	E	B	I	P	O	I	I	K	B	R
N	V	G	F	D	T	S	E	P	A	D	U	B	N	M	N
T	E	V	H	P	L	M	U	U	H	N	E	X	D	F	D
U	R	V	G	P	K	I	J	U	H	Z	G	F	H	J	L
H	Ü	L	I	M	Z	G	R	F	D	E	G	J	U	C	X
X	T	H	Z	U	M	A	D	R	E	T	S	M	A	O	K
K	K	K	J	H	U	T	G	F	R	S	W	D	F	U	M

Rätsel 8   Finden Sie die acht Farben

Hinweis: Die Buchstaben sind um zwei Positionen nach hinten versetzt (A = Y; C = A u. s. w.. …) und alle Worte sind rückwärts geschrieben

V	B	Y	J	G	J	J	Y	D	E	D	F
G	B	U	H	T	T	F	D	C	G	D	D
S	G	T	G	Z	R	T	G	G	G	V	F
Y	D	G	Z	T	M	W	S	D	E	Y	T
P	F	G	Q	Q	P	Q	V	G	T	Q	X
E	X	X	V	F	G	T	R	E	E	M	N
N	G	Z	J	C	E	X	L	C	S	P	E
E	R	R	E	D	F	T	R	Q	Y	A	D
B	H	G	K	C	E	G	C	Z	L	B	H
Z	B	G	T	R	C	D	X	C	V	V	C
Q	S	X	Y	A	A	S	Y	J	Z	V	B
N	M	K	L	O	I	J	U	H	Z	G	T

V	B	A	I	L	J	Y	D	E	D	F
G	B	U	H	T	F	D	C	G	D	D
U	G	T	G	Z	T	G	G	G	V	F
A	D	G	Z	T	O	W	S	D	E	A	T
R	F	G	Q	Q	R	Q	V	G	T	S	X
G	X	X	V	F	G	T	R	E	E	O	N
N	G	B	L	E	G	X	N	E	U	R	G
E	R	R	E	D	F	T	R	Q	Y	A	D
B	H	G	K	E	G	I	E	B	L	B	H
Z	B	G	T	R	C	D	X	C	V	V	C
Q	S	X	Y	A	A	U	L	B	V	B
N	M	K	L	O	I	J	U	H	Z	G	T

Rätsel 9   Finden Sie die acht Getränke

Hinweis: Die Buchstaben sind um zwei Positionen nach hinten versetzt (A = Y; C = A u. s. w.. ...) und alle Worte sind rückwärts geschrieben

Y	Y	C	C	F	A	J	G	K	G	R	F
Y	I	C	C	E	F	R	D	E	Y	G	H
B	B	G	R	I	C	Q	K	U	L	C	W
F	M	G	N	J	U	H	Z	G	G	J	R
R	U	V	F	H	Z	W	O	K	C	U	N
V	H	T	G	Z	Z	C	R	Y	U	M	N
G	R	D	E	S	W	D	E	R	F	Z	N
P	C	B	G	A	L	O	K	I	I	J	J
C	F	D	D	D	M	Y	I	Y	I	J	N
Y	I	Y	I	D	F	C	C	D	D	H	G
D	D	C	C	D	D	Y	I	I	Y	H	F
F	F	G	F	T	H	D	C	C	D	D	W

Y	A	C	C	H	C	L	I	M	G	R	F
Y	K	C	C	E	F	R	D	E	Y	G	H
B	D	G	T	K	E	S	K	U	N	E	W
F	O	G	N	J	U	H	Z	G	I	L	R
R	W	V	F	H	Z	W	O	K	E	W	N
V	H	T	G	Z	Z	C	R	Y	W	O	N
G	R	D	E	S	W	D	E	R	F	B	N
R	E	D	I	C	L	O	K	I	I	J	J
C	F	D	D	D	O	A	K	A	K	J	N
Y	I	Y	I	D	F	C	C	D	D	H	G
D	D	E	E	F	F	A	K	I	Y	H	F
F	F	G	F	T	H	D	C	C	D	D	W

Rätsel 10   Finden Sie die acht Berufe

Hinweis: Die Buchstaben sind um zwei Positionen nach hinten versetzt (A = Y; C = A u. s. w.. …) und alle Worte sind rückwärts geschrieben

C	P	Y	H	Z	G	T	C	P	W	E	D	F	N
H	U	J	H	Z	T	C	P	C	D	F	E	A	Y
T	P	R	X	P	Y	T	F	A	M	I	O	J	H
S	C	Y	C	D	S	Q	P	C	C	O	U	P	P
W	P	V	G	P	C	P	F	Y	D	Q	S	Z	N
Q	S	Q	P	C	I	A	C	Y	Z	C	C	P	U
Z	Y	V	Z	H	G	T	P	C	P	F	C	J	J
C	K	C	P	C	R	D	Y	Q	U	J	I	A	Y
J	Y	P	C	E	C	J	D	N	C	D	P	C	D
C	C	C	C	H	G	Z	T	C	C	F	R	S	P
C	C	R	G	Y	W	P	C	J	Y	K	Y	D	X
F	D	Y	Y	I	P	P	B	G	S	X	D	D	Y
C	P	C	P	C	C	Y	W	S	Y	Y	A	P	C
F	R	T	G	Y	Y	C	C	A	W	S	Q	D	E

C	P	Y	H	Z	G	T	C	P	W	E	D	F	N
H	U	J	H	Z	T	C	P	C	D	F	E	A	Y
T	R	T	Z	R	A	T	H	C	O	K	O	J	H
S	E	Y	C	D	S	Q	P	C	C	O	U	P	P
W	R	V	G	R	E	R	H	A	F	S	U	B	N
Q	U	Q	R	E	K	C	E	A	B	C	C	P	U
Z	A	V	Z	H	G	T	R	E	R	H	E	K	J
C	M	C	P	C	R	D	Y	Q	U	J	I	A	Y
J	Y	R	E	G	E	L	F	P	C	D	P	C	D
C	C	C	C	H	G	Z	T	C	C	F	R	S	P
C	C	R	G	Y	W	R	E	L	A	M	Y	D	X
F	D	Y	Y	I	P	P	B	G	S	X	D	D	Y
C	P	C	P	C	C	Y	W	S	Y	Y	A	P	C
F	R	T	G	Y	Y	C	C	A	W	S	Q	D	E

Rätsel 11   Finden Sie die acht Flüsse

Hinweis: Die Buchstaben sind um zwei Positionen nach hinten versetzt (A = Y; C = A u. s. w.. …) und alle Worte sind rückwärts geschrieben

P	C	P	F	G	J	H	J	J	J	A	W
S	C	L	M	F	P	T	C	L	G	C	Q
C	P	P	C	C	Y	H	J	J	C	Q	D
W	E	R	T	Z	B	Q	Y	Q	Q	K	Q
C	F	D	C	P	P	C	E	N	H	C	V
J	U	H	Z	C	Y	C	J	C	C	F	J
R	Q	W	S	E	U	D	M	H	Y	R	J
J	K	L	O	I	J	U	U	V	F	D	A
C	J	Y	P	S	P	C	P	S	W	Y	Y
J	K	Y	S	P	V	V	P	C	C	R	W
I	J	T	R	J	C	Q	F	A	G	C	U
H	U	C	C	Y	Y	E	D	P	Y	C	G

P	C	P	F	G	J	H	J	J	J	A	W
S	E	N	O	H	R	T	E	N	I	E	S
C	P	P	C	C	A	H	J	J	C	S	D
W	E	R	T	Z	D	Q	A	Q	Q	M	Q
C	F	D	C	P	R	C	G	N	H	E	V
J	U	H	Z	C	A	C	L	C	C	H	J
R	Q	W	S	E	W	D	O	J	A	T	J
J	K	L	O	I	J	U	W	V	F	D	A
C	L	A	R	U	P	C	P	S	W	Y	Y
J	K	Y	S	P	V	V	P	C	C	R	W
I	J	T	R	L	E	S	H	C	I	E	W
H	U	C	C	Y	Y	E	D	P	Y	C	G

Rätsel 12   Finden Sie die acht Automarken

Hinweis: Die Buchstaben sind um zwei Positionen nach hinten versetzt (A = Y; C = A u. s. w.. …) und alle Worte sind rückwärts geschrieben

C	P	C	D	Q	Y	S	R	P	Y	K	Q	Q	W	R	C
C	P	P	N	H	R	E	I	K	N	H	G	T	P	P	P
Q	O	G	C	C	D	D	E	R	S	W	K	J	J	U	H
C	G	C	C	P	Y	S	W	Y	S	C	T	F	R	Y	W
Z	P	U	N	B	V	G	F	Y	Y	J	C	C	P	B	E
P	S	P	P	J	C	N	M	C	B	R	Y	Y	P	X	C
O	G	T	F	D	E	V	C	C	D	L	O	P	P	Y	C
U	X	M	N	H	B	G	M	N	T	C	O	H	G	K	V
V	C	V	C	C	Y	Y	P	L	Z	Z	N	G	T	F	F
L	T	G	R	R	Y	E	S	Z	O	H	G	R	U	Z	U
P	L	O	N	H	H	B	V	F	G	T	A	A	C	P	C
P	C	C	P	F	Q	Q	S	V	C	J	B	C	D	F	O
O	J	N	B	H	Z	G	T	R	L	N	Z	D	F	C	B
V	V	C	D	A	Y	Y	P	G	E	Y	A	B	V	G	H
O	N	F	E	D	P	L	O	K	I	J	G	T	T	H	Q
V	G	V	V	R	Y	G	D	Y	Y	A	C	R	D	C	C

C	P	C	D	Q	Y	S	T	R	A	M	S	Q	W	R	C
C	P	P	N	H	R	E	I	K	N	H	G	T	P	P	P
Q	O	G	C	C	D	D	E	R	S	Y	K	J	J	U	H
C	I	C	C	P	Y	S	W	Y	S	E	T	F	R	A	W
Z	R	U	N	B	V	G	F	Y	Y	L	C	C	P	D	E
P	U	P	P	L	E	P	O	C	B	T	Y	Y	P	Z	C
O	T	T	F	D	E	V	C	C	D	N	O	P	P	A	C
U	N	M	N	H	B	G	M	N	T	E	O	H	G	M	V
V	E	V	C	C	Y	Y	P	L	Z	B	N	G	T	F	F
L	V	I	T	T	A	G	U	B	O	H	G	R	U	Z	U
P	L	O	N	H	H	B	V	F	G	T	A	A	C	P	C
P	C	C	P	F	Q	S	U	X	E	L	B	C	D	F	O
O	J	N	B	H	Z	G	T	R	L	N	Z	D	F	C	B
V	V	C	D	A	Y	Y	P	G	E	Y	A	B	V	G	H
O	N	F	E	D	P	L	O	K	I	J	G	T	T	H	Q
V	G	V	V	T	A	I	F	Y	Y	A	C	R	D	C	C

Rätsel 13   Finden Sie die acht europäischen Städte

Hinweis: Die Buchstaben sind mit deren Position im Alphabet verschlüsselt (A=1, B=2 u. s. w., ß = 27)

10	1	5	24	27	26	10	8	3	5	2	14	21	22
9	7	19	11	15	16	10	5	1	5	1	21	13	15	10
6	7	15	12	12	5	16	2	22	1	29	9	18	19
8	1	6	1	5	6	22	21	8	20	10	5	15	14
20	20	9	5	7	1	1	2	9	15	8	14	21	2
18	8	1	9	7	5	1	3	3	3	4	12	10	1
21	20	19	18	17	16	4	4	5	11	2 17	14	2	3
1	1	20	1	12	12	9	14	14	8	27	18	27	5
1	1	9	17	21	22	5	26	26	15	20	18	17	11
22	9	12	14	9	21	19	1	1	12	11	11	20	17
11	5	5	5	7	10	9	7	6	13	7	1	2	6
16	5	5	1	1	20	9	18	1	14	1	2	3	10
1	22	3	4	5	7	8	1	4	4	5	7	2	6
8	11	23	1	18	19	3	8	1	21	9	17	25	23

10	1	5	24	27	26	10	8	3	5	2	14	21	22
9	7	S	K	O	P	J	E	1	5	11	W	15	10
6	7	O	12	12	5	16	26	22	S	20	I	18	19
8	1	F	1	5	6	22	11	8	T	10	E	15	14
20	20	I	5	7	1	1	2	9	O	8	N	21	2
18	8	A	9	7	5	1	3	3	C	4	12	10	11
21	20	19	18	17	16	4	4	5	K	27	14	2	3
1	1	T	A	L	L	I	N	N	H	27	18	27	5
1	1	9	17	21	22	5	26	26	O	20	18	17	11
V	I	L	N	I	U	S	1	1	L	11	11	20	17
11	5	5	5	7	10	9	7	6	M	7	1	2	6
16	5	5	1	1	T	I	R	A	N	A	2	3	10
1	22	3	4	5	7	8	1	4	4	5	7	2	6
8	11	W	A	R	S	C	H	A	U	9	17	25	23

Rätsel 14   Finden Sie die acht Farben

Hinweis: Die Buchstaben sind mit deren Position im Alphabet verschlüsselt (A=1, B=2 u. s. w., ß = 27)

1	1	8	11	10	18	21	22	25	26	8	7
7	7	2	8	5	1	2	12	1	21	19	20
5	7	5	12	2	12	12	14	13	20	20	22
9	11	10	5	21	27	2	5	9	7	5	3
9	8	2	1	1	6	7	5	11	12	10	26
26	3	7	8	7	18	21	5	14	5	14	18
12	9	12	8	1	1	3	7	10	11	25	15
8	21	14	18	17	6	12	9	12	1	8	19
13	7	18	1	21	21	7	4	21	25	11	1
18	12	17	20	7	4	4	5	5	14	21	22
20	11	14	13	13	1	7	5	14	20	1	1
14	20	1	8	8	15	19	24	26	24	8	1

1	1	8	11	10	18	21	22	25	26	8	7
7	7	2	8	5	1	B	L	A	U	19	20
5	G	E	L	B	12	12	14	13	20	20	22
9	11	10	5	21	27	B	E	I	G	E	3
9	8	2	1	1	6	7	5	11	12	10	26
26	3	7	8	G	R	U	E	N	5	14	R
12	9	12	8	1	1	3	7	10	11	25	O
8	21	14	18	17	6	L	I	L	A	8	S
13	G	R	A	U	21	7	4	21	25	11	A
18	12	17	20	7	4	4	5	5	14	21	22
20	11	14	13	M	A	G	E	N	T	A	1
14	20	1	8	8	15	19	24	26	24	8	1

Rätsel 15   Finden Sie die acht Getränke

Hinweis: Die Buchstaben sind mit deren Position im Alphabet verschlüsselt (A=1, B=2 u. s. w., ß = 27)

19	2	5	7	1	2	4	2	15	15	18	21	2	1
3	3	5	1	2	9	6	18	20	5	9	7	11	12
12	12	5	5	8	11	21	22	7	26	3	27	1	5
5	9	19	20	5	5	18	14	18	13	1	11	17	20
9	11	1	1	1	5	5	11	1	21	6	22	21	25
18	15	15	18	18	21	2	2	16	3	6	3	1	5
9	5	7	1	7	5	5	10	16	17	4	23	22	26
1	18	1	4	3	17	7	14	1	3	3	21	9	22
23	14	15	12	18	20	7	9	11	12	21	13	20	1
19	2	2	5	5	7	3	5	5	1	8	9	10	11
12	13	2	18	1	21	19	5	20	24	27	26	5	20
19	13	19	19	20	18	5	5	16	15	7	11	21	22
20	13	9	14	5	18	1	12	23	1	19	19	18	5
9	19	19	5	16	21	14	19	3	8	6	8	1	1

19	2	5	7	1	2	4	2	15	15	18	21	2	1
3	3	5	1	2	9	6	18	20	5	9	7	11	12
12	L	5	5	8	11	21	22	G	26	3	27	A	5
E	I	S	T	E	5	18	14	R	13	1	11	Q	20
9	K	1	1	1	5	5	11	A	21	6	22	U	25
18	O	15	R	18	21	2	2	P	3	6	3	A	5
9	E	7	A	7	5	5	10	P	17	4	23	V	26
1	R	1	D	C	O	G	N	A	C	3	21	I	22
23	14	15	L	18	20	7	9	11	12	21	13	T	1
19	2	2	E	5	7	3	5	5	1	8	9	10	11
12	13	B	R	A	U	S	E	20	24	27	26	5	20
19	13	19	19	20	18	5	5	16	15	7	11	21	22
20	13	9	14	5	18	1	12	23	1	19	19	18	5
9	19	19	5	P	U	N	S	C	H	6	8	1	1

Rätsel 16   Finden Sie die acht Berufe

Hinweis: Die Buchstaben sind mit deren Position im Alphabet verschlüsselt (A=1, B=2 u. s. w., ß = 27)

13	1	12	1	19	17	5	5	1	5	9	10	11	19
21	22	2	21	19	6	1	9	18	5	18	13	13	8
5	5	2	21	19	6	1	8	18	5	18	9	13	21
1	1	1	2	5	5	8	11	15	21	26	27	1	27
9	8	5	27	13	1	12	5	18	10	1	8	21	7
19	19	3	20	13	1	11	5	18	7	19	19	18	21
19	19	11	5	5	7	1	18	26	20	20	18	5	18
18	18	5	21	5	4	11	17	23	25	2	2	18	23
23	24	18	26	12	5	8	18	5	18	10	14	18	1
9	8	5	5	19	18	19	20	20	8	5	7	11	21
20	11	15	3	8	20	20	4	8	5	20	18	1	19
19	20	18	5	5	20	20	16	6	12	5	7	8	18
21	19	18	3	18	19	3	5	5	8	21	22	7	7
26	15	15	23	1	5	18	20	1	5	5	5	5	5

13	1	12	1	19	17	5	5	1	5	9	10	11	19
21	22	2	21	19	6	1	9	18	5	18	13	13	8
5	5	B	U	S	F	A	H	R	E	R	9	M	21
1	1	A	2	5	5	8	11	15	21	26	27	A	27
9	8	E	27	M	A	L	E	R	10	1	8	U	7
19	19	C	20	13	1	11	5	18	7	19	19	R	21
19	19	K	5	5	7	A	R	Z	T	20	18	E	18
18	18	E	21	5	4	11	17	23	25	2	2	R	23
23	24	R	26	L	E	H	R	E	R	10	14	18	1
9	8	5	5	19	18	19	20	20	8	5	7	11	21
20	K	O	C	H	20	20	4	8	5	20	18	1	19
19	20	18	5	5	20	20	P	F	L	E	G	E	R
21	19	18	3	18	19	3	5	5	8	21	22	7	7
26	15	15	23	1	5	18	20	1	5	5	5	5	5

Rätsel 17   Finden Sie die acht Flüsse

Hinweis: Die Buchstaben sind mit deren Position im Alphabet verschlüsselt (A=1, B=2 u. s. w., ß = 27)

5	20	1	10	16	5	5	20	1	10	15	5	18	27
15	16	21	22	24	5	5	19	19	5	18	20	20	7
18	1	1	19	5	9	14	5	12	12	5	5	13	21
8	12	12	20	20	5	9	10	19	1	18	22	15	19
1	19	5	9	15	5	19	19	5	20	2	19	19	19
9	27	20	19	19	8	16	15	11	16	21	11	12	11
14	17	21	23	23	1	18	4	1	18	18	5	5	19
21	18	8	5	9	14	18	18	20	16	7	11	17	20
3	15	16	4	11	8	5	5	4	19	1	18	2	8
19	19	1	18	8	15	14	5	20	20	27	26	4	3
18	20	5	13	19	5	17	18	1	6	7	20	5	5
9	10	24	3	7	9	20	8	5	13	19	5	1	1
9	9	5	19	19	7	2	18	18	3	5	5	7	9
15	21	18	1	12	21	20	1	10	9	15	8	7	14

5	20	1	10	16	5	5	T	A	J	O	5	18	27
15	16	21	22	24	5	5	19	19	5	18	20	20	7
18	1	1	S	E	I	N	E	12	12	5	5	13	21
8	12	12	20	20	5	9	10	19	1	18	22	15	19
1	19	5	9	15	5	19	19	5	20	2	19	19	19
9	27	20	19	19	8	P	O	11	16	21	11	12	11
14	17	21	23	W	A	R	D	A	R	18	5	5	19
21	R	H	E	I	N	18	18	20	16	7	11	17	20
3	15	16	4	11	8	5	5	4	19	1	18	2	8
19	19	1	R	H	O	N	E	20	20	27	26	4	3
18	20	5	13	19	5	17	18	1	6	7	20	5	5
9	10	24	3	7	9	T	H	E	M	S	E	1	1
9	9	5	19	19	7	2	18	18	3	5	5	7	9
15	U	R	A	L	21	20	1	10	9	15	8	7	14

Rätsel 18   Finden Sie die acht Automarken

Hinweis: Die Buchstaben sind mit deren Position im Alphabet verschlüsselt (A=1, B=2 u. s. w., ß = 27)

6	15	18	20	5	5	12	1	24	21	19	21	2	8
1	1	18	19	19	20	8	1	7	9	8	5	5	2
20	10	6	20	5	19	12	1	8	11	25	20	26	7
1	27	6	5	5	1	14	16	6	5	21	21	25	1
24	7	12	1	4	1	8	15	14	5	14	12	1	14
9	19	5	1	20	15	15	18	19	3	4	5	8	1
3	15	6	15	18	20	8	15	14	4	1	7	7	6
19	5	1	20	16	14	18	18	3	8	9	5	5	15
2	2	10	3	7	4	8	5	19	19	7	8	10	18
14	19	5	1	20	16	15	18	19	3	8	5	21	20
14	27	6	12	12	13	17	19	20	21	5	5	9	6
1	6	15	18	20	7	7	12	1	14	3	9	1	15
18	18	22	20	7	6	8	14	21	23	7	23	4	18
23	5	5	18	19	20	21	4	7	1	1	2	5	4

6	15	18	20	5	5	12	1	24	21	19	21	2	8
1	1	18	19	19	20	8	1	7	9	H	5	5	2
20	10	6	T	E	S	L	A	8	11	Y	20	26	7
1	27	6	5	5	1	14	16	6	5	U	21	25	1
24	7	L	A	D	A	8	15	14	5	N	12	1	14
9	19	5	1	20	15	15	18	19	3	D	5	8	1
3	15	6	15	18	20	H	O	N	D	A	7	7	6
19	5	1	20	16	14	18	18	3	8	I	5	5	15
2	2	10	3	7	4	8	5	19	19	7	8	10	18
14	S	E	A	T	P	O	R	S	C	H	E	21	20
14	27	6	12	12	13	17	19	20	21	5	5	9	F
1	6	15	18	20	7	7	L	A	N	C	I	A	O
18	18	22	20	7	6	8	14	21	23	7	23	4	R
23	5	5	18	19	20	21	4	7	1	1	2	5	D

Rätsel 19   Finden Sie die acht Städte

Hinweis: Die Buchstaben sind mit deren Position im Alphabet verschlüsselt und versetzt (A=25, B=26 C=1 N=12 u. s. w., ß = 27)

10	13	12	2	13	11	3	3	16	17	20	25	1	3
13	3	3	10	19	22	3	11	26	19	16	5	17	15
12	15	15	10	19	22	3	12	26	19	16	5	1	25
2	26	11	25	2	16	7	2	1	17	2	5	3	3
13	3	3	17	11	13	17	9	25	19	9	17	17	3
13	18	18	21	20	7	3	5	4	8	11	19	19	21
20	11	20	3	3	8	14	25	10	13	12	2	13	12
27	7	27	5	3	3	17	17	5	1	8	25	17	25
25	12	25	25	8	14	25	16	7	17	17	21	10	3
8	17	21	22	27	11	1	8	18	17	13	11	13	21
20	9	25	14	13	2	5	13	16	1	7	25	25	7
3	14	13	19	5	13	16	1	7	25	3	3	19	19
20	1	5	7	11	18	21	24	20	6	6	22	10	7
3	3	5	10	11	18	19	14	2	27	1	4	5	3

10	13	12	2	13	11	3	3	16	17	20	25	1	3
13	3	3	L	U	X	E	M	B	U	R	G	17	15
12	15	15	10	19	22	3	12	26	19	16	5	1	25
2	26	M	A	D	R	I	D	1	17	2	5	3	3
13	3	3	17	M	O	S	K	A	U	9	17	17	3
13	18	18	21	20	7	3	5	4	8	11	19	19	21
20	M	20	3	3	8	14	25	L	O	N	D	O	N
27	I	27	5	3	3	17	17	5	1	8	25	S	25
25	N	25	25	8	P	A	R	I	S	17	21	L	3
8	S	21	22	27	11	1	8	18	17	13	11	O	21
20	K	25	P	O	D	G	O	R	C	I	A	25	7
3	14	13	19	5	13	16	1	7	25	3	3	19	19
20	1	5	7	11	18	21	24	20	6	6	22	10	7
3	3	5	10	11	18	19	14	2	27	1	4	5	3

Rätsel 20   Finden Sie die acht Farben

Hinweis: Die Buchstaben sind mit deren Position im Alphabet verschlüsselt und versetzt (A=25, B=26 C=1 N=12 u. s. w., ß = 27)

5	16	19	3	11	3	19	21	11	11	11	26
11	3	3	10	8	25	25	27	1	25	26	16
11	25	5	3	12	19	26	7	5	5	5	25
20	19	17	5	16	19	3	12	15	3	15	19
27	5	5	1	25	7	11	14	11	12	21	12
25	11	25	5	3	12	19	25	25	19	26	3
3	3	8	13	9	26	21	20	10	7	10	25
18	24	25	25	5	3	10	26	3	26	25	3
17	14	23	22	16	7	18	15	15	7	19	3
17	20	2	6	25	5	8	11	7	15	4	2
16	16	7	11	19	3	21	17	8	16	23	7
19	18	13	17	10	10	22	15	7	6	3	3

5	16	19	3	11	3	19	21	11	11	11	B
11	3	3	10	8	25	25	27	1	25	26	R
11	25	5	3	12	19	26	7	5	5	5	A
20	19	17	G	R	U	E	N	15	3	15	U
27	5	5	1	25	7	11	14	11	12	21	N
25	M	A	G	E	N	T	A	25	19	B	3
3	3	8	13	9	B	21	20	L	I	L	A
18	24	25	25	G	E	L	B	3	26	A	3
17	14	23	22	R	I	18	15	15	7	U	3
17	20	2	6	A	G	8	11	7	15	4	2
16	16	7	11	U	E	21	17	8	16	23	7
19	18	13	17	10	10	22	15	7	6	3	3

Rätsel 21   Finden Sie die acht Getränke

Hinweis: Die Buchstaben sind mit deren Position im Alphabet verschlüsselt und versetzt (A=25, B=26 C=1 N=12 u. s. w., ß = 27)

18	3	9	18	9	25	4	3	4	17	4	27	8
18	18	3	9	19	3	3	11	7	10	18	1	6	7
3	3	24	25	26	27	20	11	8	7	3	9	18	2
9	25	4	4	3	2	9	25	4	4	3	25	17	14
18	3	9	4	21	3	7	12	15	18	3	9	1	19
5	5	10	3	11	18	13	1	7	22	20	25	4	27
3	3	5	3	24	25	25	1	2	8	18	13	10	10
10	9	7	3	25	24	23	23	8	7	4	8	10	5
3	26	13	21	10	3	1	7	2	3	16	21	17	18
20	15	3	4	17	18	14	20	23	22	26	7	9	10
26	25	25	4	3	7	8	21	13	2	9	25	10	1
25	25	20	23	17	10	11	19	5	14	17	18	10	11
1	1	5	5	3	3	25	25	17	10	10	1	18	22
27	26	4	11	7	10	1	6	17	25	25	3	3	8

18	3	9	18	9	25	4	4	3	4	17	4	27	8
18	S	E	K	T	3	3	11	7	10	18	1	6	7
3	3	24	A	26	27	20	11	8	7	3	K	18	2
9	25	4	F	3	2	9	25	4	4	3	A	17	14
18	3	9	F	W	E	I	N	15	18	3	K	1	19
5	5	10	E	11	18	13	1	7	22	20	A	4	27
3	3	5	E	24	25	25	1	2	8	18	O	10	10
10	9	7	3	25	24	23	23	8	7	4	8	10	5
3	B	O	W	L	E	C	I	D	E	R	21	17	18
20	15	3	4	17	18	14	20	23	22	26	7	9	10
26	25	25	4	3	7	8	W	O	D	K	A	10	1
25	25	20	23	17	10	11	19	5	14	17	18	10	11
1	1	5	5	3	3	25	25	17	10	10	1	18	22
27	26	4	M	I	L	C	H	17	25	25	3	3	8

Rätsel 22   Finden Sie die acht Berufe

Hinweis: Die Buchstaben sind mit deren Position im Alphabet verschlüsselt und versetzt (A=25, B=26 C=1 N=12 u. s. w., ß = 27)

13	1	12	1	19	17	5	5	1	5	9	10	11	19
21	22	2	21	19	6	1	9	18	5	18	13	13	8
5	5	26	19	17	4	25	6	16	3	16	9	11	21
1	1	25	2	5	5	8	11	15	21	26	27	25	27
9	8	3	27	11	25	10	3	16	10	1	8	19	7
19	19	1	20	13	1	11	5	18	7	19	19	16	21
19	19	9	5	5	7	25	16	23	18	20	18	3	18
18	18	3	21	5	4	11	17	23	25	2	2	16	23
23	24	16	26	10	3	6	16	3	16	10	14	18	1
9	8	5	5	19	18	19	20	20	8	5	7	11	21
20	9	13	1	6	20	20	4	8	5	20	18	1	19
19	20	18	5	5	20	20	14	4	10	3	5	3	16
21	19	18	3	18	19	3	5	5	8	21	22	7	7
26	15	15	23	1	5	18	20	1	5	5	5	5	5

13	1	12	1	19	17	5	5	1	5	9	10	11	19
21	22	2	21	19	6	1	9	18	5	18	13	13	8
5	5	B	U	S	F	A	H	R	E	R	9	M	21
1	1	A	2	5	5	8	11	15	21	26	27	A	27
9	8	E	27	M	A	L	E	R	10	1	8	U	7
19	19	C	20	13	1	11	5	18	7	19	19	R	21
19	19	K	5	5	7	A	R	Z	T	20	18	E	18
18	18	E	21	5	4	11	17	23	25	2	2	R	23
23	24	R	26	L	E	H	R	E	R	10	14	18	1
9	8	5	5	19	18	19	20	20	8	5	7	11	21
20	K	O	C	H	20	20	4	8	5	20	18	1	19
19	20	18	5	5	20	20	P	F	L	E	G	E	R
21	19	18	3	18	19	3	5	5	8	21	22	7	7
26	15	15	23	1	5	18	20	1	5	5	5	5	5

Rätsel 23   Finden Sie die sieben Flüsse

Hinweis: Die Buchstaben sind mit deren Position im Alphabet verschlüsselt und versetzt (A=25, B=26 C=1 N=12 u. s. w., ß = 27)

7	12	12	12	7	12	7	7	12	13	11	7
7	17	25	16	12	12	12	12	17	21	7	3
7	12	17	26	27	12	17	13	7	2	9	13
17	25	25	19	21	10	3	1	6	18	2	13
5	5	3	3	17	20	19	11	3	16	7	18
10	7	14	14	3	11	19	3	7	18	24	7
10	7	14	14	11	19	3	16	7	18	24	12
11	25	7	12	23	25	11	13	17	3	10	13
5	5	3	3	11	24	25	3	7	8	11	16
7	12	17	26	27	12	17	13	7	2	9	13
17	25	25	19	21	10	3	2	6	18	2	13
5	5	3	3	17	20	19	11	3	16	7	18

I	N	N	12	7	12	7	7	12	13	11	7
I	S	A	R	12	12	12	12	17	21	7	3
7	12	17	26	27	12	17	13	7	2	9	13
17	25	25	19	21	L	E	C	H	18	2	13
5	5	3	3	17	20	19	11	3	16	7	18
L	I	P	P	E	11	19	3	7	18	24	7
10	7	14	14	M	U	E	R	I	T	Z	12
M	A	I	N	23	25	M	O	S	E	L	13
5	5	3	3	11	24	25	3	7	8	11	16
7	12	17	26	27	12	17	13	7	2	9	13
17	25	25	19	21	10	3	2	6	18	2	13
5	5	3	3	17	20	19	11	3	16	7	18

Rätsel 24   Finden Sie die acht Automarken

Hinweis: Die Buchstaben sind mit deren Position im Alphabet verschlüsselt und versetzt (A=25, B=26 C=1 N=12 u. s. w., ß = 27)

20	13	10	21	13	20	13	10	20	12	25	25	7	12	1
20	20	13	10	20	13	5	5	3	2	25	1	7	25	3
20	13	10	21	13	20	13	10	20	12	25	25	7	12	1
20	20	12	10	20	13	5	5	3	3	25	1	7	25	3
12	11	16	3	12	25	19	10	18	5	18	5	21	17	18
11	5	5	3	3	7	15	12	13	14	3	10	8	7	1
20	11	10	21	13	20	13	10	20	3	25	1	7	25	3
20	13	10	21	13	20	13	25	6	19	11	11	3	16	8
19	20	13	10	20	11	5	25	2	5	25	1	7	25	3
20	12	10	21	13	20	13	25	1	3	25	1	7	25	3
20	21	12	10	20	13	5	17	9	13	2	25	9	12	18
12	11	16	3	12	25	19	18	14	18	11	11	3	16	11
19	27	5	15	14	26	19	7	1	9	25	25	7	12	1
19	20	13	10	20	11	5	25	2	5	25	1	7	25	3
20	12	10	21	13	20	13	25	1	3	18	5	21	17	18

20	13	10	21	13	20	13	10	20	12	25	25	7	12	1
20	V	O	L	V	O	5	5	3	D	A	C	I	A	3
20	13	10	21	13	20	13	10	20	12	25	25	7	12	1
20	20	12	10	20	13	5	5	3	3	25	1	7	25	3
12	11	R	E	N	A	U	L	T	5	18	5	21	17	18
11	5	5	3	3	7	15	12	O	P	E	L	8	7	1
20	11	10	21	13	20	13	10	20	E	25	1	7	25	3
20	13	10	21	13	20	13	25	H	U	M	M	E	R	8
19	20	13	10	20	11	5	25	2	G	25	1	7	25	3
20	12	10	21	13	20	13	25	1	E	25	1	7	25	3
20	21	12	10	20	13	5	S	K	O	D	A	9	12	18
12	11	6	3	12	25	19	18	14	T	11	11	3	16	11
19	27	5	15	14	B	U	I	C	K	25	25	7	12	1
19	20	13	10	20	11	5	25	2	5	25	1	7	25	3
20	12	10	21	13	20	13	25	1	3	18	5	21	17	18

Rätsel 25   Finden Sie die sieben Länder

Hinweis: Die Buchstaben sind mit deren Position im Alphabet um zwei Positionen versetzt (A=C, B=D, S=U, Y=A, Z=B u. s. w.)

U	N	Q	Y	F	V	Z	B	G	Q	A	S	S	D
P	K	N	U	N	H	U	E	J	Y	G	F	G	P
B	G	O	B	E	Q	Q	W	B	P	P	N	V	S
P	W	U	N	U	N	Q	Y	C	M	G	K	V	V
U	N	Q	Y	F	V	Z	B	G	Q	A	S	S	U
U	N	Q	R	F	G	Z	K	M	Q	A	U	F	E
U	N	Q	Y	F	J	Z	B	G	Q	G	R	C	J
U	N	Q	K	H	V	Z	B	Z	Q	A	C	D	G
T	U	N	Q	Y	G	P	K	G	P	G	P	E	E
U	N	Q	Y	F	V	Z	B	G	Q	A	K	S	J
K	N	H	G	N	B	A	R	G	T	P	G	X	K
O	N	G	F	T	G	W	P	I	C	T	P	D	G
U	N	Q	Y	F	V	Z	B	G	Q	A	S	S	P
U	N	Q	Z	B	V	F	B	G	J	K	S	S	P

U	N	Q	Y	F	V	Z	B	G	Q	A	S	S	D
P	K	N	U	N	H	S	C	H	W	E	D	E	N
B	G	O	B	E	Q	Q	W	B	P	P	N	V	S
P	W	U	N	S	L	O	W	A	K	E	I	V	T
U	N	Q	Y	F	V	Z	B	G	Q	A	S	S	S
U	N	Q	R	F	G	Z	K	M	Q	A	S	F	C
U	N	Q	Y	F	J	Z	B	G	Q	G	P	C	H
U	N	Q	K	H	V	Z	B	Z	Q	A	A	D	E
T	S	L	O	W	E	N	I	E	N	G	N	E	C
U	N	Q	Y	F	V	Z	B	G	Q	A	I	S	H
K	N	H	G	N	Z	Y	P	E	R	N	E	X	I
O	N	G	F	T	G	U	N	G	A	R	n	D	E
U	N	Q	Y	F	V	Z	B	G	Q	A	S	S	N
U	N	Q	Z	B	V	F	B	G	J	K	S	S	P

Rätsel 26   Finden Sie die sieben Gebirge

Hinweis: Die Buchstaben sind mit deren Position im Alphabet um zwei Positionen versetzt (A=C, B=D, S=U, Y=A, Z=B u. s. w.)

A	D	C	N	M	C	P	E	F	G	R	I	I
U	E	J	Y	G	F	G	P	F	G	A	Q	D
D	C	N	M	C	P	I	G	D	K	T	I	G
D	C	T	F	Q	W	F	Q	A	S	G	D	D
D	X	E	T	D	T	C	N	R	E	P	W	A
D	C	R	Q	A	C	N	R	G	P	C	U	U
J	N	B	G	G	N	I	H	T	T	G	V	D
M	O	N	C	T	R	C	V	G	P	G	U	U
B	G	U	E	J	Y	G	F	G	P	P	D	P
R	C	D	F	C	R	G	P	P	K	P	M	N
H	P	O	D	C	N	M	C	P	O	O	F	D
U	E	J	Y	G	F	G	P	N	Z	G	F	T
P	N	C	W	N	C	U	W	U	Z	F	G	F

A	D	C	N	M	C	P	E	F	G	P	I	I
U	E	J	Y	G	F	G	P	F	G	Y	Q	D
B	A	L	K	A	N	G	E	B	I	R	G	E
D	C	T	F	Q	U	F	Q	A	S	E	D	D
D	X	E	T	D	R	C	N	R	E	N	W	A
D	C	R	Q	A	A	L	P	E	N	A	U	U
J	N	B	G	G	L	I	H	T	T	E	V	D
M	O	K	A	R	P	A	T	E	N	E	U	U
B	G	U	E	J	Y	G	F	G	P	N	D	P
R	C	D	F	A	P	E	N	N	I	N	M	N
H	P	O	D	C	N	M	C	P	O	O	F	D
U	E	J	Y	G	F	G	P	N	Z	G	F	T
P	K	A	U	K	A	S	U	S	Z	F	G	F

Rätsel 27   Finden Sie die acht französischen Orte

Hinweis: Die Buchstaben sind mit deren Position im Alphabet um zwei Positionen versetzt (A=C, B=D, S=U, Y=A, Z=B u. s. w.)

R	D	T	G	I	G	P	B	H	G	C	V	F
V	H	V	U	K	V	V	G	P	L	P	K	K
G	H	B	V	I	T	C	B	G	F	C	M	P
U	G	D	T	G	U	V	K	U	Z	P	N	P
U	C	N	B	D	W	T	I	P	P	V	B	U
K	G	V	C	T	G	N	A	Q	P	G	O	D
P	J	B	V	V	B	R	C	T	K	U	J	T
N	K	N	N	G	P	J	B	B	C	B	H	W
O	B	X	F	J	H	V	R	T	C	K	U	E
I	V	X		Y	O	H	G	V	B	J	M	M
D	S	O	O	C	T	U	G	K	N	N	G	N
B	O	D	R	F	D	S	N	K	P	B	B	V
V	Q	W	N	Q	W	U	G	U	O	H	G	G

R	D	T	G	I	G	P	B	H	G	C	V	F
V	H	V	U	K	V	V	G	P	L	N	K	K
G	H	B	V	I	T	C	B	G	F	A	M	P
U	G	B	R	E	S	T	K	U	Z	N	N	P
U	C	N	B	D	W	T	I	P	P	T	B	U
K	G	V	C	T	G	L	Y	O	N	E	O	D
P	J	B	V	V	B	P	A	R	I	S	J	T
L	I	L	L	E	N	I	Z	Z	A	B	H	W
O	B	X	F	J	H	V	R	T	C	K	U	E
I	V	X		Y	O	H	G	V	B	J	M	M
D	S	O	M	A	R	S	E	I	L	L	E	N
B	O	D	R	F	D	S	N	K	P	B	B	V
T	O	U	L	O	U	S	E	U	O	H	G	G

Rätsel 28   Finden Sie die acht österreichischen Orte

Hinweis: Die Buchstaben sind mit deren Position im Alphabet um zwei Positionen versetzt (A=C, B=D, S=U, Y=A, Z=B u. s. w.)

Y	K	P	V	G	T	G	C	S	A	J	U	N
Z	B	G	N	W	I	C	P	Q	C	D	H	G
O	I	G	T	F	K	I	J	U	U	G	F	Q
F	T	F	K	P	P	U	D	T	W	E	M	D
Z	C	C	T	G	F	I	J	H	G	G	F	G
D	B	N	W	B	G	T	P	O	N	H	V	P
G	Z	T	F	Q	T	P	D	K	R	P	J	L
M	K	T	F	S	V	F	D	S	S	A	W	N
H	G	N	F	M	K	T	E	J	C	C	P	K
C	G	D	S	U	K	V	V	G	P	T	F	P
U	C	N	B	D	W	T	I	B	D	G	D	B
B	B	C	W	Q	Q	D	T	G	I	G	P	B
Z	B	G	N	W	I	C	P	Q	C	D	H	G

Y	K	P	V	G	T	G	C	S	A	J	U	L
Z	B	G	N	W	I	C	P	Q	C	D	H	E
O	G	G	T	F	K	I	J	U	U	G	F	O
F	R	F	I	N	N	S	B	R	U	C	K	B
Z	A	C	T	G	F	I	J	H	G	G	F	E
D	Z	N	W	B	G	T	P	O	N	H	V	N
G	Z	T	D	O	R	N	B	I	R	N	J	L
M	K	T	F	S	V	F	D	S	S	A	W	L
F	E	L	D	K	I	R	C	H	C	C	P	I
C	G	D	S	U	K	V	V	G	P	T	F	N
S	A	L	Z	B	U	R	G	B	D	G	D	Z
B	B	C	W	Q	Q	B	R	E	G	E	N	Z
Z	B	G	N	W	I	C	P	Q	C	D	H	G

Rätsel 29   Finden Sie die acht schweizer Orte

Hinweis: Die Buchstaben sind mit deren Position im Alphabet um zwei Positionen versetzt (A=C, B=D, S=U, Y=A, Z=B u. s. w.) und können rückwärts geschrieben worden sein.

G	K	Z	T	F	Q	T	P	D	K	R	P	J	L
U	B	D	P	T	G	B	W	N	U	H	P	H	J
E	I	G	N	W	I	C	P	G	H	B	G	B	F
J	T	G	T	F	K	I	J	G	B	G	W	H	V
C	C	F	K	P	P	U	D	F	B	C	G	B	G
H	B	H	P	G	F	N	C	Y	D	Q	P	U	U
H	Z	T	F	Q	T	P	D	K	R	T	D	E	U
J	K	T	F	S	V	F	D	S	S	T	W	A	K
C	G	N	F	M	K	T	E	J	C	N	T	Q	P
W	G	D	S	U	K	V	V	G	P	D	I	X	R
U	C	D	P	K	F	Y	C	N	F	G	P	D	S
G	B	Q	Q	W	S	A	R	F	D	S	E	C	X
P	B	H	P	T	Q	J	V	Q	N	Q	U	Y	X

G	K	Z	T	F	Q	T	P	D	K	R	P	J	L
S	B	D	N	R	E	Z	U	L	U	H	N	H	J
C	I	G	N	W	I	C	P	G	H	B	E	B	F
H	T	G	T	F	K	I	J	G	B	G	U	H	T
A	C	F	K	P	P	U	D	F	B	C	E	B	E
F	B	H	N	E	D	L	A	W	D	O	N	U	S
F	Z	T	F	Q	T	P	D	K	R	T	B	E	S
H	K	T	F	S	V	F	D	S	S	T	U	A	I
A	G	N	F	M	K	T	E	J	C	N	R	Q	N
U	G	D	S	U	K	V	V	G	P	D	G	X	R
S	C	D	N	I	D	W	A	L	D	E	N	D	S
E	B	Q	Q	W	S	A	R	F	D	S	E	C	X
N	B	H	N	R	U	H	T	O	L	O	S	Y	X

Rätsel 30   Finden Sie die sieben schweizer Kantone

Hinweis: Die Buchstaben sind mit deren Position im Alphabet um zwei Positionen versetzt (A=C, B=D, S=U, Y=A, Z=B u. s. w.) und können rückwärts und zeilenversetzt geschrieben worden sein.

Bsp:

W	Q	L	U	H	A	V	F	G	H	N	J
J	V	F	U	G	H	N	J	K	L	I	N
B	T	D	G	H	L	O	O	N	V	C	F

Achtung: Neben der Lösungstabelle stehen auf der nächsten Seite auch die 7 Ergebnisse als Wörter unterhalb der Tabelle.

Q	S	E	D	W	S	A	Q	W	E	U	S
P	S	E	D	R	Q	E	E	D	S	E	S
G	S	U	Q	A	C	I	W	N	A	J	A
W	U	W	K	P	K	J	H	B	G	C	G
G	U	K	J	V	K	L	M	N	H	H	H
I	P	K	V	J	V	N	H	T	J	H	I
K	D	N	K	V	J	T	P	J	K	J	K
T	W	H	W	H	G	B	V	G	F	C	B
T	B	H	F	B	B	P	V	F	T	W	J
I	I	T	V	B	V	G	W	H	V	U	N
I	C	P	F	G	T	P	F	J	T	G	F
Y	K	U	G	F	G	V	J	W	M	P	I

Q	S	E	D	W	S	A	Q	W	E	S	S
N	S	E	D	R	Q	E	E	D	S	**C**	S
E	S	U	**O**	A	**A**	G	**U**	**L**	A	**H**	A
U	**S**	W	K	**N**	K	J	H	B	G	**A**	G
E	**U**	**I**	J	V	K	L	M	N	H	**F**	H
I	**N**	**K**	**T**	J	V	N	H	T	J	**F**	I
K	**B**	**L**	K	**T**	J	**R**	**N**	J	K	**H**	K
T	**U**	H	**U**	H	**E**	B	V	G	F	**A**	B
R	B	H	**F**	**Z**	B	**N**	V	F	T	**U**	J
G	I	T	**T**	B	V	G	**U**	H	**T**	**S**	N
I	C	**N**	F	**E**	**R**	**N**	F	**H**	**R**	**E**	F
W	**I**	U	G	F	G	**T**	H	**U**	M	**N**	I

Neuenburg, Winterthur, Lugano, Luzern, Schaffhausen, Thun, Sitten